Emilia Pardo Bazán

Galdós

Guillermo
Escolar
EDITOR

1.ª edición, 2024

© Guillermo Escolar Editor SL
   Avda. Ntra. Sra. de Fátima 38, 5.º B
   28047 Madrid

Directora de la colección: Eva Ariza Trinidad
Diseño de cubierta: Javier Suárez
Maquetación: Equipo de Guillermo Escolar Editor

ISBN: 978-84-19782-55-7

DEPÓSITO LEGAL: M-9226-2024

Impreso en España / Printed in Spain
Kadmos
PI El Tormes, Río Ubierna 12-14
37003 Salamanca

ÁNGEL GUERRA[1]

Un distinguido extranjero que vino a Madrid a cerrar contratos con los novelistas españoles, para que sus obras se publiquen traducidas en los Estados Unidos, me decía que, en opinión de Zola, nuestra novela actual es la *tercera* en mérito de las que hoy se conocen en Europa: el autor de *Germinal* reservaba, por supuesto, la primacía a la novela francesa y a la rusa, y no estando resuelto cuál de estas dos triunfa, la nuestra vendría a ser la *segunda* realmente. Pero admitamos el tercer lugar. La halagüeña opinión de Zola —que halagüeña es, estemos o no conformes con esa especie de jerarquía— me sugirió una correlación de ideas, llevándome a comparar novelas y públicos, y confieso que no he quedado persuadida de que, si tenemos la

[1] Los artículos que componen este libro han sido extraídos de *Polémicas y estudios literarios*, obra de Emilia Pardo Bazán publicada en 1892.

tercera novela de Europa, tengamos igualmente el *tercer* público de lectores.

Público lo tenemos ciertamente, y él basta para sostener la muy lozana producción novelesca de estos últimos años, hoy que las vicisitudes políticas y las crisis económicas han cerrado a piedra y lodo el mercado de la América del Sur, cuando principiaba a rendir fruto; y público tenemos de olfato bastante fino, pues no se deja desorientar por las falsas pistas que tan a menudo y con tanta frescura le señalan los periódicos y los criticadores platilleros, ni arriesga sus tres pesetas sino sobre seguro. Público tenemos, pues tenemos novela, y no duden los idealistas que ven al genio y a la inspiración en forma de lengua de fuego de Pentecostés que sin público no habría novela, ni Cervantes que la fundó. Pero...

Peros, y aún manzanas, tiene esto del público, y claro está que yo no voy a recoger aquí tanta fruta. Sin embargo, ya no me es posible guardar el secreto de que nuestro público es muy escaso. Constituye una minoría social insignificante, y por la misma razón descontentadiza, suspicaz y con elevadísimas aspiraciones. Digo elevadísimas, porque el español que se determina a sacar tres pesetas del bolsillo, quiere ser divertido, enseñado, respetado en el pudor «de sus hijas y esposas», no lastimado en sus creencias religiosas y aún políticas, despabilado cuando le entra soñarrera, y más cuanto más dueño, siempre por virtud de las tres pesetas, de un *capolavoro*[2] que enriquezca su biblioteca... futura. Si mediante las tres pesetas no obtiene todas estas cosas, el novelista es su deudor. A veces, para apremiar al deudor, se gasta quince céntimos: le escribe, no para decirle «me ha consolado V., me ha hecho reír, o llorar, o pensar», sino para prestarle un verdadero servicio, explicándole de qué modo él —el lector— habría desarrollado «aquel mismo pensamiento», con más provecho de la moral y del arte.

Y es que, tratándose de cualquier otro gasto de tres pesetas, el español tiene idea apropiada de la correspondencia entre el desembolso y las utilidades que reporta: por tres pesetas sabe que no disfruta más que hora y media de simón, y aun tiene que aflojar propina; por tres pesetas ya comprende que no le dan más de tres entradas en los Jardines del Retiro. Solo a las tres pesetas de la novela les atribuye un valor infinito —como atribuye la Teología al sacrificio de la Misa—.

2   «Obra maestra».

He dicho antes que el público tiene olfato sutil, y no hay bombo que le aturda; y si me paro a meditar en este síntoma, añado que no me congratulo de él. Es señal de poco apetito y enfermizo estómago el hacer dengues y melindres, el escoger mucho los alimentos, y el gustar solo de dos o tres guisos, no pudiendo resistir los demás. La persona robusta come de todo, y aunque tenga sus preferencias, digiere y asimila cualquier manjar aceptable. En el fondo de las precauciones del público español hay mucho de lo que decíamos antes: convicción del valor *infinito* de las tres pesetas destinadas a adquisición de la novela, y firme resolución de no malgastarlas por nada del mundo. Si en vez de cautela económica viésemos un juicio estético, más o menos severo, pero justo, lo alabaríamos. Me temo que es *lo otro*, lo prudentes y ahorrones que en materia de libros nos hizo Dios.

Nótese que en España no aparece aquella pléyade de novelistas secundarios, de grata y amena variedad, que en Francia da pasto a la afición del público, durante los forzosos interregnos que deja la producción de los maestros. En mi sentir, Pedro Loti —a quien la Academia, como era de suponer, prefirió a Zola— no pasa de ser novelista de segunda fila, o más bien que novelista, pintor de teteras y biombos, gentil bordador de pañolones manileños, un Senquá. Si Loti nace aquí, hubiese escrito dos o tres artículos del género filipino, tal vez un cuento de mulatas que no leería nadie, y de ahí no pasa. En la favorable atmósfera de Francia, su talento peculiar se ha desarrollado plenamente, y su fama y aceptación prueban que existe entre el público francés una categoría bastante numerosa de lectores que se interesa por los viajes, que siente el color, y que puede apreciar un cosmopolitismo original y selecto. El público francés es *justo* al no imitar a la Academia, que quiso más a Loti que a Zola; y el público francés es *culto* al estimar en su valor relativo a Loti, al saborearlo, al recibir de él un *frisson nouveau*[3], que solo puede sentirse poseyendo cierta preparación, así como la planta exótica no florece en cualquier terreno.

Un amigo mío, que bajo la corteza profesoral conserva muy chispeante el ingenio andaluz, me decía con gracejo: «Respecto a lectura de novelas, hay en mí tres o cuatro hombres. Mejor dicho, no son hombres todos los que hay en mí, porque en primer término

3   «Nuevo entusiasmo».

hay un borrico que goza leyendo los folletines de *La Correspondencia*; luego, un tío muy vulgar y de imaginación, que se divierte con *Los Tres Mosqueteros*; sobre este, un hombre algo culto que se solaza —por ejemplo— con Alarcón, y luego una persona de aficiones realmente delicadas, de exigencias intelectuales, que siente y reflexiona con los libros del conde Tolstoy». De estas diferentes categorías de lectores (incluida la jumentil) tiene efectivamente que componerse un verdadero público, un público capaz de infundir vida a una novela nacional.

Por desgracia, ese público avezado a apreciar las novelas *según su género* no existe. La novela ni ha entrado en nuestras costumbres, ni forma parte de nuestras necesidades, ni casi de nuestros lujos. Lo que llamamos público es una minoría —relativa— que compra con desconfianza, con precauciones humillantes, ciertas novelas que llevan ciertas firmas, y suele quedar quejosa, arrepentida de su adquisición. En vez de seguir al novelista dócil y afectuosamente, de adaptarse a la forma de su espíritu, el público obliga al novelista a buscarle y acertarle el gusto, gusto que tiene mucho de la inconsistencia cuyo tipo tradicional es el Proteo de la fábula.

El largo preámbulo que acabo de escribir me lo ha inspirado la suerte de las últimas novelas de Galdós.

Desde *Fortunata y Jacinta*, que cuento entre las obras más hermosas y profundas que a Galdós se deben, observo —y al observarlo y reprobarlo tengo el deber de decirlo— que, si pido parecer sobre los libros que Galdós va produciendo, entre la diversidad de juicios que se entrecruzan, flota y domina uno que parece fórmula del descontento, cuando lo es de la inapetencia intelectual: «Largo, muy largo. No hay paciencia para tanta lectura. ¡Cuatro tomos! ¿Pero a quién se le ocurre escribir cuatro tomos (o tres, o dos) de cuatrocientas páginas?».

Sí, desde la admirable epopeya de Maximiliano Rubín, los juicios sobre Galdós no son apreciaciones literarias, son medidas y cálculos de longitud. Bien como el caminante fatigado no ve en el lugar más hermoso y pintoresco sino el banco o la silla donde reposar, nuestro público, desacostumbrado del ejercicio, flojo de músculos, toma la novela al peso (mentalmente) y adivina que *no puede con ella*. Es impotencia física: es la imposibilidad de prestar atención a una plática seria o a una demostración razonada, que aflige a las gentes sin disciplina mental, de conocimientos deficientes y falsos.

Ya sé que algunos andan diciendo por ahí que el fin de la novela es divertir, entretener, y para lograr este objeto, toda agilidad es poca: el novelista ha de ponerse, como Mercurio, alas en los talones —¡válgalos el diablo por divertidos! ¡Pues si no hay en el mundo cosa más subjetiva que este concepto de diversión! La diversión nace de nosotros mismos, de la preparación intelectual, así como el beneficio que nos hace la comida pende del estado de nuestros órganos. ¿Conciben Vds. a un labrador de mi granja muy divertido en la representación de *El Profeta*?—.

Podemos sentar un axioma: «Dime lo que te divierte, y te diré quién eres». Si las gentes, que no carecen de amor propio, se persuadiesen de la estricta relación que puede establecerse entre la *diversión* y el *divertido*, no se pesarían las novelas. Y los que me entienden ya saben que esto no quiere decir que todo el mundo esté obligado a leer con interés, verbigracia, las *Etimologías* de San Isidoro.

Ángel Guerra, última producción de Galdós, ha de ser juzgada por los consabidos como las almas de los egipcios: al peso...; y si desciende la balanza, condena segura. Son tres gruesos tomos, de la compacta lectura acostumbrada, y en ellos se destaca tan sincera y sencillamente el sentido externo del nuevo canon de Prevost, que, a excepción de la primera mitad del primer tomo, allí no hay más que una situación siempre idéntica por fuera. Los lectores recordarán tal vez que, al dedicar unos renglones *Al primer vuelo*, de Pereda, censuré que el autor nos tuviese, durante dos mortales tomos, aguardando a que se casen unos chicos..., que pudieron empezar por ahí. Para quien aprecie las diferencias capitales que existen entre la índole de los respectivos talentos de Galdós y Pereda, no será extraño el oírme declarar que no hay cosa más antitética que la *escasez de acción* y *sencillez de argumento* de los dos escritores. *Ángel Guerra*, por dentro, es de lo más novelesco que cabe imaginar: adolece tal vez de exceso de novela, como veremos. Lo malo es que el público este —el de las precauciones— no se ha convencido aún de que, si el elemento novelesco burdo está en la epidermis de la novela, el fino puede estar en los tejidos profundos, en las túnicas del corazón o en las sinuosidades del meollo.

La última novela de Galdós principia al día siguiente de la cuartelada de Villacampa, que cerró la era de nuestros pronunciamientos, y no encontró eco en el pueblo, ni en parte alguna. Ángel Guerra, de estado viudo, hijo de una opulenta señora establecida en Madrid, hombre que desde los treinta padece vértigo político y profesa ideas exaltadamente republicanas, ha tomado parte en la algarada, y llega a las altas horas de la noche, con el brazo atravesado de un balazo, a la escondida casita de su querida Dulcenombre. La mujer, solicita y cariñosa, cura y cata las heridas del revolucionario, y juzga y condena su empresa con razones puramente femeniles y utilitarias, sin omitir la eterna reconvención: «Pero ¿quién te manda meterte en danzas semejantes?». Por su parte, Guerra, idealista fogoso, viene desencantado ya de aquel brusco choque con las realidades de la política, y trae náuseas de su ensueño quijotesco. Ha visto por experiencia que media un abismo entre las teorías y los hombres; el fracaso de una sublevación ramificada en todos los cuarteles de Madrid y apenas secundada en uno, le ha probado la vergonzosa deficiencia de voluntad de los que gritan en clubs y redacciones, y llegado el caso, no sirven ni para dar un viva en la calle. Ángel Guerra discierne todo esto, siente la ridiculez del aborto y, para colmo de bufonada, hasta la herida suya es, por decirlo así, una herida de broma, que no le duele, bala perdida del revólver de un amigo…

En el fondo de este desencanto hay otro resorte oculto —el remordimiento—. Al retirarse los sublevados hacia Atocha, ya desesperados, con la convicción del fiasco de la tentativa, encuentran en su camino a un jefe de alta graduación, y como se niega a gritar «Viva la República», y les trata de canallas, seis o siete balas a la vez le tumban en tierra, mortalmente herido. Ángel ha disparado también; no sabe si su revólver hizo blanco; pero el choque psíquico, profundo e imborrable, está recibido ya. Aquella bala podrá no haber rozado siquiera al conde de Mirasol; a Guerra se le queda incrustada en el alma, y tarde o temprano le costará la vida. El novelista no lo dice expresamente. El héroe mismo no se da cuenta del sordo estímulo de conciencia que le trabaja. Ángel es hombre de vehemente condición, de honda sensibilidad, de prontos arrebatos, lo que pudiéramos llamar un impulsivo: la excitación, de cualquier lado que venga, encuentra en él pólvora seca, materia dispuesta a inflamarse. Puede afirmarse de él que no conoce la indiferencia. Sus impresiones, al par que súbitas y ardientes, son tenaces y duraderas. En su niñez ha asistido al fusilamiento de los sargentos sublevados el 22 de junio; y en el trágico instante de caer a tierra los ensangrentados cuerpos, el terror del muchacho que presencia la hecatombe se objetiva, por decirlo así, en la figura de un hombre con pelo erizado y cara de mascarón griego, que grita: «¡Eso es una infamia!». «Como subsiste indeleble hasta la vejez la señal de la viruela en los que han padecido esta cruel enfermedad, así subsistió en la complexión psicológica de Ángel Guerra la huella de aquel inmenso trastorno. Siempre que se destemplaba moralmente, confundiéndose en su naturaleza el acíbar de una pesadumbre con el amargor de la bilis, y se acostaba caviloso y algo febril, despuntaba en su cerebro la terrible página histórica, alterada quizá conforme a la ley del tiempo, pero sin que faltaran en ella ni el hombre del cabello erizado, ni los infelices sargentos pataleando en un charco de sangre». Si la escena trágica de la niñez decidió probablemente la vocación de revolucionario de Ángel, la escena trágica de la edad viril va a determinar una profunda crisis religiosa. Para comprender cómo venía preparada o incubada esta crisis, hay que recordar los antecedentes de la familia.

Ángel es uno de tantos españoles, de la generación que hoy oscila entre los cuarenta y los cincuenta, que «no pueden entrar en su propia casa sin dejarse a la puerta ideas y sentimientos arraigados en su conciencia y en su espíritu, que no pueden arrancar, y que, sin embargo, arrancarían gustosos, a trueque de no herir otros sentimientos e ideas profundamente arraigados también en personas respetadas y queridas». La madre de Ángel Guerra, doña Sales, procede de una semiaristocracia basada en el decoro burgués, en el respeto a la autoridad constituida y en la práctica de una religiosidad seria y algo seca, sin impulsos ardorosos de fe, pero con estricta observancia de lo que podemos llamar *ritualismo católico*. Cuando Ángel aspira a mejorar los destinos de su patria por medios violentos, comprende que es para su madre un aventurero loco. Hay todavía disentimientos más graves, por ser de orden más íntimo y secreto —aquella Dulce, su amante, a quien sostiene con modestia en una casita retirada, es, en concepto de doña Sales, la perdida más asquerosa, la última de las mujeres—. Ángel, cuyas ideas respecto al matrimonio son tan revolucionarias como en política, está persuadido de que Dulce no merece tal saña y desprecio y, si procede de una familia sospechosa y

17

desastrada, en cambio reúne condiciones de docilidad, apego, ternura y modestia, como nunca adornaron a la esposa que le había elegido su madre. Mas ¿de qué sirve a Guerra la convicción? Doña Sales, con una palabra majestuosa, con una mirada severa, le vence, y siempre le vencerá, porque es el pasado de siglos, contra el cual se estrella el presente de años..., de muy pocos años todavía. Cuando el hijo pródigo se determina a volver a su casa después de fracasada la intentona, cae sobre su espíritu, abrumándolo más, la noticia de que su madre se halla gravemente enferma, a las puertas de la muerte, con recrudecimiento agudo de la crónica afección cardíaca. Quédase el hijo a velar a la enferma, pero ninguno de los dos adversarios (que adversarios son, aunque unidos por los indestructibles lazos de la sangre) concilia el sueño. Allí están, frente a frente; y sin hablar alto, contenidos por todas las consideraciones que pueden atar una lengua humana, dan vueltas ambos al problema eterno de su irreconciliable discordia. Ahogada por la disnea, la señora mira a su hijo y le acusa interiormente «de haberle formado en medio del pecho el nudo horrible que ataja la sangre y corta la respiración». Y el hijo, presa de una angustia moral que es la disnea del alma, también hace cargos, también en silencio pide cuentas: «No, no me eches la culpa de que se te haya trastornado el corazón. Culpa más bien a tu carácter absorbente y despótico, que no admite ni la desobediencia más leve, ni la réplica, ni siquiera la opinión de los demás...». La sorda y callada fermentación de los dos caracteres no puede reprimirse ya: la discusión estalla en alta voz, y la señora pronuncia palabras de triste agüero, que se clavan en el preocupado espíritu de Ángel: «Si supiera que tu hija había de quedar en poder de la familia de tu querida, preferiría que se muriese conmigo, y pediría a Dios que conmigo se la llevara». En un minuto de protesta, el hijo rechaza la mano de su madre..., declárase terrible ahogo, y la señora muere.

Ángel queda abrumado de pasión de ánimo muy semejante a la monomanía, arrepintiéndose de aquel movimiento de dureza con que rechazó la mano maternal: movimiento, en su opinión, equivalente a un tiro. El primer síntoma de su estado moral es el cariño delirante que demuestra a su niña Ción. La criatura es uno de los elementos —acaso el principal— que ahora lo retienen y apegan a la casa materna, de donde antes le alejaba el carácter autoritario de doña

Sales, al desengañado revolucionario. Pero la niña también está sentenciada: una fiebre de crecimiento la postra; en los últimos instantes, perdida toda esperanza en la ciencia médica, el antiguo incrédulo ve los cuadros religiosos que adornan la pared en el cuarto de su madre, y en situación parecida a la que dictó plegarias a León Roch, «éntrale un ansia vivísima de prosternarse ante voluntades superiores, y de pedirles que le ampararan en su tribulación». Una idea horrible le acosa. Su madre, *desde allá*, ¿reclamará a la niña? Acaso sí…, porque, a despecho de todas las súplicas, esfuerzos y cuidados del desesperado padre, la niña se le queda entre las manos.

Ángel se encuentra solo en el mundo: todo se ha hundido, acabado todo. Desde la muerte de doña Sales, su querida, aquella Dulce tan enamorada y tierna, le va siendo indiferente, hasta tal extremo que ni la visita. El sondaje sincero y profundo que hace en su alma le demuestra que Dulce es la misma de antes; quien ha variado es él, Ángel Guerra. El tedio que le inspira su antigua esposa ilegal crece cada día. Todos los defectos que antes no veía en ella, ahora le saltan a los ojos, irritándole. Recuerda la indignidad de la familia de Dulce, aquellos Babeles tramposos, falsificadores y borrachos; y hasta observa con glacial desdén la extremada delgadez de su querida, viniendo el hastío físico a reforzar el moral...

¿Hay algún móvil secreto para este cambio? Al lado de doña Sales y de Ción, vive en la casa una señorita de compañía llamada Lorenza, de pobre cuna, y en quien desdichas de la infancia y anomalías hereditarias provocaron singular exaltación mística. Lorenza o Leré, que así le llamaba la niña y este nombre conserva durante la novela toda, tiene formada resolución de entrar a monja, y en la orden más esclava, más dura, de mayores mortificaciones, no espirituales, sino corporales, en que se ejercite la caridad. Mientras existe doña Sales, Guerra, distraído por sus planes políticos, no ha reparado en Leré. Al morir la señora y declararse en Guerra el acceso de paternidad, la figura de Leré empieza a destacarse con luz y relieve. La gradual influencia que va adquiriendo la santa sobre el demagogo está muy bien estudiada, por matices, por pinceladas finas de artista flamenco, que no pierde detalle. No todo es místico en la tal influencia, pues Ángel nota que las formas del cuerpo de Leré contrastan, por su atractivo desarrollo, con las de Dulce.

Apenas muere la niña, la maestra declara al padre que ha llegado el momento de obedecer a su vocación, y que se va a Toledo a ponerse la toca. Artificio muy hábil, si Leré fuese coqueta; pues Ángel, al oír tales nuevas, se desatina, implora, se declara, y se ofrece a respetar a Leré y a construir una capilla donde día y noche pueda rezar —a condición de que no le abandone—. El cariño que siente por Leré no es como el que le inspiraría otra mujer cualquiera: le gusta Leré precisamente por su misticismo, por ser invulnerable, por su vocación de mártir moral. Pero Leré, sincera, insensible, le dice adiós, y Ángel se queda sin sombra. No tarda en seguir a Leré: quiere verla, aunque solo sea un instante; quiere sentir de nuevo el dominio de aquella voluntad santa, y anonadarse en ella. Aquí principia una parte de la novela que me recuerda a *Madame Gervaisais*, de los Goncourt (adviértase que Galdós no ha leído a estos novelistas franceses). Es la lenta conquista de un espíritu por el ambiente de una ciudad: es otra forma del pasado, siempre robusto y avasallador, que nos domina y nos envuelve, y al cual pertenecemos por lo más hondo de nuestro ser. Con la preparación de la palabra y atractivo de Leré, Toledo acaba de amansar y convertir al demagogo. La catedral, maravilla del arte; las ricas iglesias; los misteriosos coros conventuales, con sus monjas que parecen estatuas orantes o figuras sorprendidas por el cincel en la actitud del éxtasis; los viejos muros, guerreros aún; los arcos árabes; el hondo y barrancoso cauce del Tajo; la conversación con respetables canónigos, curas místicos, inofensivos iluminados y maniáticos de arqueología..., todo va labrando en el alma de Guerra, caldeada en la fragua del amor como la hoja de acero dispuesta a recibir temple por la sumersión en las aguas del Tajo... Esta misma comparación emplea Leré cuando, vistiendo ya las tocas y la plegada túnica de negra estameña, discute con su amigo, empeñado en distraerla de la vocación y hacerla partícipe de las sensatas y utilitarias ideas del buen beneficiado don Francisco Mancebo, que desea y procura labrar la felicidad de su sobrina y de toda la familia, casándola con el rico y caballeroso Ángel Guerra. «Las personas que no saben templarse —dice la monja—, no valen para espadas: asadores serán toda su vida». Ángel, poco a poco, se templa, se templa...

Tanto se templa, que ya siente la necesidad de soledad y retiro, primer indicio de vida espiritual, y se retira a un cigarral que posee, gozándose en la compañía de gente rústica y pobre, que habla como los villanos de Tirso o de Juan de la Encina. Mientras pastores y labriegas charlan junto al fuego, Ángel rumia un nuevo sistema religioso. Allí se le ocurre por primera vez «fundar, con toda su fortuna, una orden, congregación o hermandad destinada a realizar los fines cristianos que a Leré más le agradasen». «Él se encargaría de todo lo adjetivo, ella de lo substancial. La institución podía ser puramente contemplativa, si ella lo deseaba, o filantrópica y humanitaria, con todo el carácter católico que ella quisiera darle».

Puesta en este carril, el alma de Ángel va encaminándose suavemente adonde Leré la guía. Hoy el absoluto corte de las ya casi extinguidas relaciones con Dulce; mañana la misa, la oración, las prácticas piadosas; al otro el sacramento de la Penitencia, la confesión general, la devoción a la Virgen... Todo el conocido método de soltar la vieja librea del pecado, lavándose en las aguas de la contrición. A cada visita a la hermana del Socorro, Ángel sale más animoso, más neófito cristiano. Pero aún falta un paso o escalón gigantesco, y Guerra lo salva de un brinco, después de una entrevista con Leré. Para que esta acepte el patronato y dirección de la obra que Ángel proyecta, hay una condición ineludible: que Ángel se haga sacerdote. «Lo seré», responde él con exaltación inmensa. Y empieza para Ángel el periodo que podríamos llamar *de la santidad*. Mientras se prepara, y estudia la liturgia, y refresca el latín, y barre de su alma los restos y reliquias de la mala vida pasada, bajo la dirección de un discreto y simpático maestro espiritual, el cura Casado; mientras traza los planos de su *Domus Domini* o institución caritativa, rodéase, como los bienaventurados de la leyenda, de mendigos, de pobres vergonzantes, de ancianos, de niños, de paralíticos, de cojos, a quienes consuela, mantiene y educa. Por los caminos, despreciando las burlas de la gente, sirve de lazarillo al ciego, y entregándose con plena confianza a los individuos de peor reputación, va de noche y por extraviadas sendas a socorrer criminales perseguidos por la justicia. Su mano está siempre abierta para la limosna; su vida es una constante práctica del bien. El estado de su ánimo le lleva a tener hasta apariciones, y dos o tres veces ve su propia imagen, con hábito sacerdotal —lo cual, en lenguaje científico, se llama *desdoblamiento de la personalidad*—. A primera vista, cualquiera creería que se han cumplido los votos de Leré: que Ángel se ha transformado en un hombre nuevo, todo paz y amor. Pero, ¡ah!, bajo la piel del cordero, la fiera subsiste. Ángel no subirá nunca a los altares.

Un día, alterada la bilis, patea y deja por muerto a un enemigo suyo. Otro día, al saber que hay quien sospecha de Leré, pierde el hilo de las devociones y se entrega a todos los desahogos de la cólera. Velando a un enfermo, y acompañándole en la velada la hermana Lorenza, la Leré de sus ilusiones, como la viese unos instantes reclinada durmiendo, éntrale tan vehemente y tan poco espiritual tentación, que él mismo dice: «No había ideas en mí, sino un apetito primordial, paradisiaco…; lo llamo así porque relaciono mi estado con el de los primeros pobladores del mundo, en la fecha remota del pecado original. Si en aquel momento me ofrecen lo que yo deseaba a cambio de la bienaventuranza eterna, lo acepto sin vacilar. No me importaba una eternidad de tormentos a cambio de…». En suma; que todo el camino de santidad recorrido por Ángel es puramente externo; que su santidad es postiza, postiza su castidad, y no menos postizas su humildad y mansedumbre, pues, cuando la horda de bandidos que constituye la parentela de su antigua querida Dulce le ataca a deshora en su cigarral para robarle, por mucho que se empeña en considerar «la hermosura y majestad de ofrecerse indefenso a las injurias y al saqueo de semejante canalla, el mérito extraordinario de dejarse pisotear y proceder ante los ultrajes en perfecta imitación de la conducta del Divino Jesús», la condición iracunda del hombre de sangre y violencia se sobrepone, emprende lucha heroica con sus asaltantes, y un navajazo le parte el hígado con mortal herida. Como a don Quijote, vuélvele la razón antes de espirar, y comprende que conversión, santidad, ensueños de vida eclesiástica, «todo ha sido una manera de adaptación o flexibilidad de mi espíritu, ávido de aproximarse a la persona que lo cautivaba y lo cautiva ahora y siempre... Declaro que la única forma de aproximación que en la realidad de mi ser me satisface plenamente, no es la mística, sino la humana, santificada por el sacramento, y que no siendo esto posible, desbarato el espejismo de mi vocación religiosa, y acepto la muerte como solución única, pues no hay ni puede haber otra». Así muere Ángel Guerra revestido de la noble sinceridad que tan bien cuadra a su generoso, aunque recio, carácter, español de pies a cabeza. Pero la semilla de su caridad ha caído en otro corazón también generoso y profundo, el del pueblo, y la leyenda áurea está formada ya. A la puerta del moribundo vela y aguarda una mendiga de las que él socorrió, una de esas cieguecitas a quienes la noche de los sentidos abre los ojos del alma. Cuando le dan la noticia del tránsito de Ángel, la ciega contesta: «Lo sabía. Poco antes de llegar el Señor, vi que el amo se transportaba. Se encontraron un poquito más allá de la puerta, y juntos se subieron... Recemos..., por él no; por nosotros».

Así termina esta gran novela, impregnada y perfumada de un misticismo y una fe que, salvando la distancia, más geográfica que moral, que nos separa de Rusia, parece proceder de alguna de las mejores inspiraciones de Tolstoy. La diferencia que pudiera encontrarse consiste en que el iluminado ruso es completamente heterodoxo y reniega de las formas oficiales de la religiosidad, mientras Galdós, dentro de su racionalismo templado, y, por decirlo así, *desengañado*, ve la necesidad, la hermosura, la conveniencia de la jerarquía inmutable y universal de la Iglesia católica. Un crítico francés censuró en Zola una deficiencia grave, diciendo que Zola escribe «lo mismo que si Cristo no hubiese venido al mundo». No se podrá aplicar esta censura a Galdós. Al tomar el pulso a nuestro pueblo, sobre todo al del interior de Castilla, de ese varonil, franco y simpático gentío del *paño pardo*, Galdós ha encontrado viva, latente, casi activa como en otros tiempos, la fe. ¿Qué necesita la roca para abrirse y soltar un chorro de agua pura? ¿La vara de Moisés? Ni aun eso. Ángel Guerra no es profeta con misión: amor humano, aunque disfrazado de platónico idealismo, es quien le impulsa; y, no obstante, al paso de este hombre en quien el arrepentimiento es pasión, y pasión la fe, y pasión las buenas obras, ya brotan como flores de azur y gules, como vegetación de paraíso dantesco, las abnegaciones, las conversiones, los milagros... ¡Ya reverdece la cosecha regada con sangre de Cristo!

He leído u oído decir, no sé a quién ni dónde, que en *Ángel Guerra* se ridiculiza la religión. ¡Oh poder de los rótulos y las etiquetas! Leed los tres tomos, y decidme qué impresión prevalece en vuestro espíritu. No os importen las creencias del autor; no fiscalicéis su alma, tal vez más cristiana, mucho más cristiana de lo que él mismo sabe y cree. La impresión definitiva —o yo no entiendo de impresiones— es que lo grotesco, lo mezquino, lo tonto, son clubs y repúblicas, motines y revoluciones. En cambio, el elemento religioso, sobre aparecer con aspecto de cosa majestuosa, eterna, indestructible, reviste una elevación, una serenidad, una poesía, una dulzura humana, que tiene el sano amargor de la mirra y la balsámica pureza del incienso. El episodio final de la ciega conmueve hasta las entrañas. Si lo que conmueve edifica también..., mucho hay de edificante en la historia del demagogo pseudosanto.

Al juzgar a un escritor tan penetrante como Galdós, es necesario acorazarse contra la propia simpatía. No necesito hacer protestas de que Galdós es uno de mis autores favoritos en Europa, tampoco necesito, para el lector sagaz, que descubre en el tono las intenciones, declarar que considero *Ángel Guerra* novela digna de emparejar con *Fortunata y Jacinta*, con *La incógnita,* con lo mejor del maestro. Por lo mismo que admiro sin rebozo el fértil ingenio del autor, no he de prescindir de observaciones y reparos que estoy obligada a exponer de un modo categórico, sin miramientos que solo convienen a escritores de alfeñique. Por lo demás, mis observaciones, aunque motivadas por *Ángel Guerra*, pueden, en mayor o menor grado, aplicarse a otras obras de Galdós.

Habrán notado los lectores que al extractar el asunto de *Ángel Guerra* fui ciñéndome a lo esencial, a lo interno, que es, en mi concepto, el drama que se desarrolla en el espíritu del héroe. De los Babeles, ¡los Babeles famosos!, de don Francisco Mancebo con su gramática parda y sus vidrieras, de Casiano el guapo bargueño, de Casado el sagreño feo amante de la agricultura, del monstruo con sus piernas enrolladas, de sor Expectación, de don Tomé, de Palomeque, de Tatabuquenque, de Zacarías, de Jusepa, de don León Pintado, de don Pito, de don Braulio, del niño que quiere ser cadete, del otro niño murillesco, de Virones, del... ¡del diablo!, ¡de un ejército de personajes!, no hice caso ninguno. No será porque no me hayan divertido mucho casi todos ellos: precisamente por eso les guardo cierto rencor: porque me han *divertido* demasiado, porque me han polarizado la novela, me la han fraccionado en corpúsculos —irisados y brillantes, sí, como los que despide el pulverizador—, desviándome del objeto principal, objeto que en sí me importaba lo bastante para que me pusiesen de mal humor las digresiones, aunque interesantes también.

¿Comprenden Vds. ahora por qué no he nombrado siquiera a los partiquinos que cantan a veces trozos tan bonitos como el aria del tenor? ¿Lo comprenden? Pues lo que yo hice con tanta facilidad (¡miren qué gracia!), esa discretación de esencial y accidental, ese concentrar la luz intrépidamente sobre las principales figuras..., eso creo que no perdería nada *Ángel Guerra* si lo hubiera ejecutado el autor.

El muy entendido crítico de *La Época*, Luis Alfonso, juzgando un libro reciente de Pereda, *Al primer vuelo*, hacía una indicación sumamente exacta: que, con él y con algunos de la misma procedencia, sucedía lo que con los lienzos de ciertos pintores: el paisaje o la marina lo absorbían todo, y la figura quedaba sacrificada. En Galdós —que es poco paisajista, al menos del paisaje rural— hay exuberancia de figuras, un hormigueo de cabezas puestas casi en un mismo plano, y todas estudiadas con escrupulosa atención, que recuerda la *Ronda nocturna*, de Rembrandt. Si Pereda pudiese solicitar de Galdós un subsidio de figuras, el ilustre montañés se remediaría, y Galdós quedaría desahogado de esa plétora de humanidad; podado el árbol, y sin que se notase la poda, que en eso está el toque del arte: podar y que no desmerezca la gracia, la espontaneidad, la forma natural del árbol.

No me pongo en contradicción con lo que dije al principiar el articulo; lo de la poda no es uno de esos vulgares, distraídos y tristes juicios de extensión, que más que juicios deben considerarse revelaciones acerca de la capacidad estética del que los emite, pareciéndose al instrumento llamado dinamómetro, que al apretarlo señala con exactitud los grados de nuestra fuerza muscular. La novela de Galdós no peca de larga, sino de densa, y no aburre, sino que *divierte* con exceso y siempre igual: por lo mismo la importancia indudable del asunto y de los principales personajes no se impone como se impondría después de esa poda ligera, hecha con fines artístico-humanos, no por obedecer a ninguna exigencia clásica. No es canon viejo, sino eterna ley de hermosura, fundada en los mismos preceptos de la razón, que en todo cuadro ha de haber algo que prevalezca, y que las figuras de primer término deben cautivar la atención, quedando las otras en su lugar accesorio. Un ejemplo de lo perjudicial que es el dar a todo importancia lo encuentro en aquel don Tomé, que también se enamora de la hermana Lorenza, y también muere delirando con ella. El episodio es bonito, pero quita interés a otra situación análoga que ha de seguir y que es capital: la muerte del protagonista.

El inconveniente procede de la misma riqueza de las excepcionales facultades de Galdós; lozanean demasiado, y puede decirse de ellas lo que de la planta frondosa: que tienen «vicio». Ve Galdós tan bien el significado de los objetos, de los lugares, de las personas; siente con tal viveza y frescura las impresiones de lo real (tomando la palabra *real* en el amplio sentido que le daban los viejos escolásticos, los cerrados adversarios del nominalismo), que no resiste al deseo de trasladar esa impresión, bella si se considera aislada, pero que, dentro del conjunto de la obra de arte, unas veces es oportuna y otras no tanto. Galdós es el hombre que al pasar por la calle (su gran campo de observación), súbitamente se para, encantado del aspecto de un tenducho, de una cacharrería, de los juegos de dos chiquillos en el arroyo. El objeto más ínfimo, más vulgar, no solo le atrae, sino que se reviste a sus ojos de misteriosa poesía. A su conjuro, la zarza, la ortiga se cubren de flores. La bondad, hermosa prenda de su carácter y distintivo de sus obras, rebosa en esa universal simpatía. Ved, por ejemplo, el tipo del cura Virones, de aquel sucio, ignorante, hambrón y ramplón clérigo, «que apesta a vinazo». Al pronto nos infunde repugnancia y desvío; poco a poco, al irnos descubriendo el novelista la humanidad del personaje, nos inspira interés y compasión, y nos entran ganas de protegerle, como le protegió Ángel Guerra.

Pero con esta efusión general, repito que salen perdiendo los personajes que tenían derecho a concentrar la luz. Sucédele al novelista lo que a esos hombres que derrochan fuera de su casa tanto cariño y tanto dinero que el hogar se resiente y hay escaseces en él. Explicaré lo de las escaseces, no vaya a interpretarse en un sentido poco grato, y muy contrario al pensamiento de quien admira y ama como nadie la literatura de Galdós.

Si he combatido siempre la idea de que Galdós escribe *largo*, el maldito juicio de extensión, tampoco he transigido con los que, enamorados del estilo *oficialmente* castizo y elegante, aseguran que las novelas de Galdós *no están escritas*. Me sería fácil demostrar con citas y extractos, especialmente de los *Episodios*, que en Galdós hay periodos de un movimiento y elocuencia realmente clásicos. En obras más recientes, Galdós prefiere el lenguaje usual, el *lenguaje hablado*; y esto, que obedece a una fórmula y un programa de sinceridad literaria, será, andando el tiempo, contado por mérito más que por descuido. En los libros de Galdós hay un tesoro, un caudal léxico; giros, palabras, idiotismos corrientes; formas ya canallescas, ya amaneradas; la oratoria de la plebe, la jerga parlamentaria o política, lo efímero y lo estratificado del idioma. En esto también Galdós es exuberante, y de todo se prenda, y todo lo recoge, y a todo le encuentra su interés peculiar. En su estilo hay dos cualidades de primer orden: la personalidad y la vibración íntima, reflejo de su sensibilidad de artista. Lo que falta es música y ritmo: a Galdós se le conoce que no hizo versos de muchacho, y que nunca lee sus cuartillas en alta voz, *gueulant*[4], como decía Flaubert. La música que gusta a Galdós no es la de la prosa, sino la «sucesión de sonidos modulados para recrear el oído».

Nótese cómo el poeta lírico que se profesa aficionado a la música, Fray Luis de León, es el más tardo de oído para la rima. Si Galdós no tiene el oído más fino que Fray Luis, digo que tiene, como el autor de *La Profecía del Tajo*, percepción de la armonía de las cosas, armonía que se comunica al estilo: de ahí esa vibración interna que a veces observo en Galdós, y de la cual pondré dos o tres ejemplos. Boceto de calleja toledana: «El sitio era solitario, fosco, siniestro,

4   «Gritando».

apropiado a los tapadijos galantes y a los acechos de la traición: la calleja se replegaba en la más intensa obscuridad, y solo al medio de ella, traspasado el segundo recodo, distinguíase a lo lejos la lucecilla de un farol colgado como a cinco varas del suelo, delante de un Cristo que llaman de la Buena Muerte, con melena y enagüillas, en mohoso nicho cubierto de alambrera». ¿Verdad que hay aquí algo de la expresiva y pintoresca sobriedad de las descripciones de Zorrilla? Pues ved ahora un retrato, la geta del ínclito don Pito: «Cara más áspera, más amojamada, no se podrá ver; comparable quizá, más que al alcornoque, a una esponja vieja y reseca, surcada de cortes y arrugas profundísimas. Era su frente cuarteada como la piel del cocodrilo; su pescuezo como un manojo de mices de droguería; sus manos, forzudas aún, revelaban parentesco con el cabo de filamento de coco; sus barbas, blancas a trechos, a trechos verdosas, crecían entre las grietas de la piel, como el escaramujo en un casco que ha navegado largo tiempo sin entrar en dique».

De trozos así, dignos no ya del manoseado homenaje de las antologías, sino de colgarse en los museos literarios como tablitas de Holbein, encontraríamos centenares. Aunque Galdós no es pintor por temperamento, como Pereda, sabe pintar; aunque no es músico, como Zorrilla, sabe *cantar* los párrafos; aunque no es estilista por la belleza del estilo, como Valera, ni coleccionista de vocablos, conoce la ciencia del buen decir, y es gráfico, cuando quiere. Pero —aquí sale otra vez lo de las *escaseces*— esta fuerza y magia del estilo no siempre recae en lo más interesante de la obra; no siempre viste de gala el rey. En toda novela hay situaciones culminantes, donde la pluma, sin asomo de afectación retórica, despliega sus recursos, refleja la inspiración del autor, y acusa como una especie de trepidación subterránea, algo que delata el fuego oculto.

No hago a Galdós la ofensa de añadir que esta trepidación no se revela con altisonantes palabras ni engomados períodos. Al contrario; hay cierta concisión en las horas supremas del estilo; mucha sencillez, pero gran arte *intensivo*. Pues bien: en *Ángel Guerra*, mientras escenas y pasajes puramente accesorios tienen esa vibración, otros esenciales están contados desmayadamente, con verbosidad e indiferencia; ejemplo: la muerte de la niña.

Conste (todas las aclaraciones y explicaciones me parecen pocas) que no pretendo en modo alguno aplicar a Galdós aquel conocido precepto: *Qui ne sut se borner, ne sut jamais écrire*[5], porque no le taso el espacio: mi censura recae sobre el *modo*, sobre el *tiempo* nunca. Tal cual se practica en *Ángel Guerra*, el método de Galdós tiene el inconveniente del bailoteo horizontal de los ojos de Leré: marea y distrae. Cuando ya logramos vencer esa impresión de mariposeo; cuando fijamos nuestra apreciación, lo que vemos es hermoso de verdad, sobre todo el carácter del protagonista. No tanto el de Leré, que aunque posible (dice la sabiduría que imposible no hay nada), es menos encarnado y terrestre. A veces Leré tiene algo de símbolo, y aun cuando hable como una mujer y diga cosas de graciosa crudeza (léase su monólogo la noche en que Guerra se le declara), siempre parece un ser astral, pretexto para calentar una fantasía española y hacer brotar en ella la quimera místico-humanitaria del *dominismo*. Ángel es la figura *razonada* de las dos que componen la pareja ensoñadora que intenta fundar la ciudad del porvenir..., cuando en el fondo de su alma, dándose cuenta de ello a veces, y otras no creyéndolo, a lo que aspira es a fundar la casa, la descendencia y la egoísta ventura personal.

5   «Quien no supo limitarse, nunca supo escribir».

Pero de esta aspiración secreta, victoriosa, impuesta por ineludible ley, han surgido en el mundo todas las cosas bellas y grandes: el arte, la poesía, la misma caridad, a veces la santidad, porque el tercer cielo, pese a Dante, no lo mueve la inteligencia, sino el amor.

Esta es la filosofía de *Ángel Guerra*, nuevo título de gloria para el autor que, llegado a la madurez y a la plenitud de su carrera literaria, no tiene sino defectos de joven: derroche de savia, exceso de lozanía, despilfarro de inspiración, caudal para diez novelas en una sola, ante la cual, así y todo, nos inclinamos respetuosos y agradecidos. ¡No faltaría más!...

TRISTANA

En medio del alboroto producido por el estreno de *Realidad*, cayó *Tristana* como en un pozo, rodeada de sepulcral silencio. Así en periódicos como en conversaciones literarias, casi puede decirse que no ha sonado el nombre, el asunto ni la tendencia de la última novela de Galdós. Y aun cuando no creo que *Tristana* deba incluirse en el número de las mejores novelas de Galdós, y quizá pueda calificarse de bastante inferior con respecto a otras recientes, todo lo que este autor y media docena más de autores españoles que yo me sé den a luz merecerá siempre atento examen, porque si el entusiasmo tiene su hora y su sazón ante las obras maestras, la consideración no está sujeta a altibajos, ni puede influir en ella una diferencia de cantidad y calidad inevitable en quien escribe y publica muchos libros y no deja pasar año sin rendir cosecha.

El asunto de *Tristana* cabe en un puño, y la trama puede decirse que es nula. Un Tenorio ya decadente, casi retirado a cuartel de inválidos, D. Juan López Garrido, acepta la tutela de la hija de su amigo Reluz, huérfana ya y sin amparo en el mundo; se la lleva a vivir consigo, y la seduce, adhiriéndose como la hiedra a su última conquista. La equívoca posición de la señorita de Reluz la obliga a permanecer en el retiro; no obstante, un día encuentra por casualidad al joven pintor Horacio, y el idilio comienza, primero tímido y suave, después apasionado y ardoroso. El viejo galán y tirano doméstico de Tristana olfatea sin tardanza lo que ocurre, y al pronto quiere tomar medidas violentas, si bien después adopta un sistema mixto de aparente tolerancia y solapada oposición con que aspira a desorganizar el amorío y desunir la pareja. No hubiesen bastado para conseguirlo todas sus tretas y artimañas; pero vienen en su ayuda dos casos fortuitos: la ausencia de Horacio y la enfermedad de Tristana, un horrible tumor blanco por el cual tienen que amputarla una pierna. Lejos el amante y mutilada la señorita, el amor muere de muerte natural; Horacio toma mujer, y la cojita Tristana, despojo infeliz de la adversidad, se salva en las áridas playas del amor senil de su rancio seductor, con el cual acaba por casarse a última hora, sin ilusión alguna, por conveniencia y cansancio. «¿Eran felices uno y otro? Tal vez...», dice el autor a guisa de corolario de la novela.

Conste que no desapruebo la sencillez de la trama. Muchísimas novelas, de las mejores que conozco en la literatura universal, son de trama excesivamente sencilla. Aquí, el decir de una novela que «apenas tiene asunto» suele envolver una censura disimulada, como si calificasen ya de anodina o inocente la obra. Protesto contra este sentido, y protesto más fuerte aún contra otra especie que no diré que echó a volar, pero sí que adoptó sin distingos mi buen amigo el Sr. Altamira: la de que no tienen miga los asuntos amorosos, o al menos no tienen tanta como los sociales, políticos, filosóficos, religiosos, científicos, económicos, etc., etc. Si ahondamos (y ahondar es ley) los asuntos amorosos, diría yo que tienen más miga que ningunos. En el modo de tratarlos, es decir, en la habilidad, ingenio y felicidad del autor, está el toque. Por otra parte, en la cuestión de asunto también hay que distinguir cuidadosamente entre el asunto interno y externo, entre lo que acontece y lo que permanece, entre lo que se ve y lo que se esconde, pero pueden adivinar los iniciados...

Por eso declaro que, a *Tristana*, a pesar de su sencillez de asunto, aún le sobra parte de él: para el asunto interno no hacía falta Horacio, ni la ausencia de Horado, ni la pierna cortada, porque el asunto interno en Tristana no es realmente ni la seducción de don Lope, ni el enamoramiento de Horacio, ni la ruptura, ni el casamiento final... El asunto interno de *Tristana*, asunto nuevo y muy hermoso, pero imperfectamente desarrollado, es el despertar del entendimiento y la conciencia de una mujer sublevada contra una sociedad que la condena a perpetua infamia y no le abre ningún camino honroso para ganarse la vida, salir del poder del decrépito galán, y no ver en el concubinato su única protección, su apoyo único. Si esta idea —que en *Tristana* aparece embrionaria y confusa, al través de una niebla, como si el novelista no se diese cuenta clara de la gran fuerza dramática que puede encerrar— se destacase con la precisión y vitalidad que ostentan el asunto interno de *El Amigo Manso* y los caracteres de *Fortunata y Jacinta*, *Tristana* sería quizá la mejor novela de Galdós.

Por desgracia falta esa unidad, ese vigor, ese aplomo que dan la certeza y el deseo de expresarla, en la historia de la señorita de Reluz, especialmente desde la segunda mitad de la novela, que visiblemente decae y queda muy por debajo de la primera, atropellándose para traer el episodio final de la operación quirúrgica y sus consecuencias decisivas del porvenir de Tristana. Los primeros capítulos confieso que me hacían concebir esperanzas brillantes. La situación estaba planteada con rapidez y firmeza, como de mano de maestro, y entonada con algunos brochazos a lo Velázquez la jugosa y castiza figura del buen hidalgo, al cual «o había que matarle, o decirle don Lope». No menos sentida y expresiva la cabeza de su víctima, la señorita de Reluz, la «dama de papel», que, «en opinión del vulgo circunvecino, no era hija, ni sobrina, ni esposa, ni nada del gran don Lope; no era nada y lo era todo, pues le pertenecía como una petaca, un mueble o una prenda de ropa..., ¡y ella parecía tan resignada a ser petaca y siempre petaca!». En esta unión ilícita del maduro galán con la linda muchacha, el drama verdadero, el conflicto de conciencia, tiene que surgir al punto mismo en que Tristana conozca la indignidad de su situación, y por salir de ella se arroje a una lucha desigual, pero que por lo mismo puede rayar en sublime. El capítulo II de *Tristana*, y ya hasta que empieza el episodio de los amores con Horacio, son un manantial de esperanza: apunta allí una novela fuerte y rara, de primer orden, un bellísimo caso psicológico. Tristana cuenta veintiún años ya, y a esta edad principian a despertarse en ella los anhelos de independencia «con las reflexiones que embargaban su mente acerca de la extrañísima situación social en que vivía» (supongo que Galdós no la califica de extrañísima porque no sea frecuente, sino porque, en efecto, es extraña ante la razón). Hay algo de sagrado en esa crisis del alma de Tristana, que sacudiendo su irreflexión y pasividad muñequil, sin ideas propias, sustentada por las proyecciones del pensar ajeno, florece de improviso como planta vivaz y se llena de ideas, en apretados capullos primero, en espléndidos ramilletes después; que se siente inquieta, ambiciosa de algo muy distante, muy alto, y que, a medida que se cambia en sangre y médula de mujer la estopa de la muñeca, va cobrando aborrecimiento y repugnancia a la miserable vida que lleva en poder de don Lope Garrido.

Sola, retirada, sin confidentes, sin desahogo ninguno, Tristana confía sus aspiraciones nuevas ¿a quién?, a la criada Saturna. ¡Donosos parrafeos los de la romántica señorita y la maciza fámula! Saturna, con su sentido práctico de dueña marrullera, advierte a Tristana de los riesgos que corre: «¿Sabe la señorita cómo llaman a las que sacan los pies del plato? Pues las llaman, por buen nombre, *libres*... Si ha de haber un poco de reputación, es preciso que haya dos pocos de esclavitud. Si tuviéramos oficios y carreras las mujeres, como los tienen esos bergantes de hombres, anda con Dios. Pero, fíjese, solo tres carreras pueden seguir las que visten faldas: o casarse, que carrera es, o el teatro..., vamos, ser cómica, que es buen modo de vivir, o...». Y contesta tristemente la señorita: «Ya sé, ya sé que es difícil eso de ser libre... y honrada. ¿Y de qué vive una mujer no poseyendo rentas? Si nos hicieran médicas, abogadas, siquiera boticarias o escribanas, ya que no ministras y senadoras, vamos, podríamos... Pero, cosiendo, cosiendo... Calcula las puntadas que hay que dar para mantener una casa... ¡Ay, pues si yo sirviera para monja, ya estaba pidiendo plaza en cualquier convento! Pero no valgo, no, para encerronas de toda la vida. Yo quiero vivir, ver mundo y enterarme de por qué y para qué nos han traído a esta tierra en que estamos. Yo quiero vivir y ser libre».

47

En este diálogo se cifra lo que debía ser, en mi concepto, asunto fundamental de Tristana. Engolosinado por tales preludios, cree el lector que va a presenciar un drama trascendental; que va a asistir al proceso libertador y redentor de un alma, de un alma que representa millones de almas oprimidas por el mismo horrible peso, a sabiendas o sin advertirlo... No es así. Cuando creemos que va a principiar el combate, aparece Horacio, una intriga amorosa como otra cualquiera, y Tristana se entrega a la pasión con un ímpetu que yo no negaré que sea cosa muy natural, pero que no tiene nada que ver con la novela iniciada en las primeras páginas del libro. La lucha por la independencia ya queda relegada a último término; puede decirse que suprimida. Ni aún tenemos ocasión de presenciar otro género de lucha, la lucha por la libre elección amorosa. Don Lope, que al principio parece un esclavo del punto de honra, un galán calderoniano, modo de ser muy conforme con su avellanada y varonil hermosura de personaje del cuadro de *Las lanzas* y que se prestaba admirablemente para realzar con el contraste la figura de su rebelada pupila, se va convirtiendo poco a poco en un héroe *psicológico* moderno, francés, a lo Pablo Bourget, un hombre contemporizador y escéptico, que tolera lo que no puede evitar, seguro de que las circunstancias y el tiempo le devolverán su presa, y conforme con ser *le plus heureux des trois*[6]. Deja correr el torrente amoroso de Tristana y Horacio, y la señorita de Reluz no necesita lidiar para conseguir, a falta de completa rehabilitación, ese género de dignidad inseparable de los sentimientos sinceros y los afectos desinteresados y profundos; de suerte que el autor, después de que nos ha desorientado en el carácter y papel de Tristana, vuelve a desorientarnos en el de don Lope; creíamos (y no era culpa nuestra el creerlo, porque fundamento no nos faltaba) que iba a presentarnos Galdós el terrible conflicto del hombre antiguo y el ideal nuevo, el choque de la coraza y la locomotora, y solo encontramos un viejo condescendiente y terco a la vez, muy *truchimán*, una niña encandilada por un hombre bastante vulgar, y una historia inexpresiva que se desenlaza por medio de un suceso adventicio, de una fatalidad física, análoga a la caída de una teja o al vuelco de un coche. Entiéndase que ni niego la verosimilitud de la historia, ni menos dudo de que, con esos elementos y otros aún más ínfimos, puede Galdós

6   «El más feliz de los tres».

entretener, interesar, conmover, hacer pensar y sentir, porque yo creo que Galdós es capaz de sacar novela de un trozo de sílex o de una madeja de esparto. Lo único que significan mis censuras (pues no niego que lo sean) es que *Tristana* prometía otra cosa; que Galdós nos dejó entrever un horizonte nuevo y amplio, y después corrió la cortina.

Probablemente toca gran parte de culpa, en esta insuficiencia de *Tristana*, a *Realidad*, obra dramática que, si no me engaño, preocupaba a su autor precisamente en los momentos en que crecía el montón de cuartillas de la novela. La obra de arte es celosa: pide para sí sola todas las energías y fuerzas vitales y creadoras del cerebro. Nótese que el primer tercio de *Tristana* es superior al segundo, y este al último, de donde puede inferirse que, según iba apoderándose *Realidad* del espíritu de Galdós, la novela se hacía más borrosa, la idea primera se desvanecía, y quedaba solo... lo que nunca puede faltar en obras de tal pluma..., pero ni un ápice más.

El maestro de nuestra fábula novelesca no necesita que pongamos sordina a nuestra opinión; ahí va lisa y llana, como él tiene derecho a oírla. De poner sordina no la pondría yo por él, sino por esa casta de cuervos literarios que al menor pretexto olfatean cadáver, y para quienes todo lo que no sea subir al empíreo es bajar al profundo infierno, y el cuadro de Ribera o de Goya que no ocupe el primer puesto en la jerarquía de los del mismo autor, ya es un chafarrinón de Orbaneja. Yo no sé si renegar de los tales cuervos, porque acaso no es inútil su graznido: tal vez puede estimular y sacar chispas del genio. Lo cierto es que aquí la palestra literaria no es estadio olímpico, sino plaza de toros: al que sale bien de la suerte, apoteosis; al que se resbala, naranjas y denuestos; pero el caso es que los primeros espadas no varían de una corrida a otra; con naranjazos y toques de cencerro, o con cigarros y palmas, ellos son siempre los mismos; apostaré algo a que ni chulillos, ni mulilleros, ni monos sabios, sustituirán a Lagartijo, aunque llegue a ser más viejo que un palmar; y en cuanto al público de los tendidos, a ese tan pródigo de injurias, a ese que harta de «cobardes» a los diestros que tienen su cuerpo tatuado a puras cornadas…, claro está que ese sí que nunca bajará a la arena. ¡Hombre, ni que decir tiene! (Lector, permíteme que mantenga el estilo a la altura del símil).

EL ESTUDIO DE GALDÓS EN MADRID

Antes que el autor de *La Desheredada* traslade al palacete
que construye en Santander el mobiliario de su estudio
madrileño, quise ver el lugar donde tantas cuartillas
trazó la mano del gran novelista y donde han corrido
tantas horas de su vivir. Conocía el estudio por una
magnífica fotografía de Laurent; pero nada equivale a
la vista de los ojos, como dicen en mi tierra.

Ocupa Galdós con su familia un piso llamado ter-
cero, y efectivamente cuarto, en la plaza de Colón,
lugar muy urbano, ventilado y alegre, con sombra de
árboles y claros horizontes. En verano, al apearse ante
la puerta de la casa, se experimenta una sensación
de frescura y de elegante reposo. La escalera, bonita
y cómoda, recibe luz de ventanales con cristalería de
colores gayos, que lanzan sobre la limpia madera del
descansillo una viva lluvia de reflejos amatista, ver-
des y carmesíes. Cuando se abre la puerta del piso de

Galdós, vese un pasillo desahogado, que habitan, sobre barras de metal, dos periquitos graves y meditabundos, y un loro descarado y procaz, el cual repite con bufonesco redoble de erres: «¡Qué rrriico!».

Dejemos al pajarraco charlotear, y entremos en las dos piezas que, unidas, componen el estudio. La mayor tendrá de largo unos seis metros, tres y medio probablemente la chica; el techo es bajo. Dentro de tan modestas proporciones, no carece de cierta importancia el departamento constituido por el saloncito y gabinete, gracias a la inteligente coquetería que presidió la decoración de las paredes y colocación de muebles y cachivaches, y a notarse en todos ellos la personalidad del dueño, y no la ideación, siempre amanerada, del tapicero decorador. No hay lujo, pero sí gracia, interés, distinción; se comprende que allí está el nido, la residencia amada del trabajador sedentario y solitario.

No hay puerta que divida las dos piezas: y el marco, privado de hojas, lo viste suntuosa guarnición de terciopelo, imitación de bordado antiguo, de tonos rojos e intensos, color que predomina en el resto de las colgaduras. Sobre el dintel, una franja haciendo cabecera, con remates de pasamanería, y en ella, a ambos lados, el clásico letrero *Tanto monta*, mientras bajo un escudo en que campea el león nacional, corre la divisa que adorna la portada de los libros de Galdós: *Ars-Natura-Veritas*.

El techo del saloncito es blanco con cenefa roja, y en el centro se abre como flor de disforme y pintarrajeada corola bermeja, turquí y esmeralda, una sombrilla japonesa. La mesa escritorio es de las que sostiene una cruz de hierro y descansan en patas salomónicas. El sillón —que revela bien la asiduidad del escritor incansable— es de forma romana, y está usadísimo, destrozado, pidiendo a gritos que lo vistan de nuevo. Sobre la mesa, un lozano palmito, pocos libros, y un haz de pruebas del tercer tomo de *Ángel Guerra*, pruebas corregidas, vueltas a corregir, cruzadas, listadas, franjeada, con dibujos de barquitos o de flores —dibujos ingenuos, como los que traza la mano del colegial que se distrae un punto de la fatigosa lección—. A los pies de la maltratada poltrona, una manta de Lucena para envolver las rodillas —Galdós es muy friolero, a fuer de africano—. A la izquierda de la puerta de entrada, un estante cargado de libros, y en cuya repisa se confunden cacharros traídos de los viajes, porcelanas y lozas de Stratford-on-Avon y

Delft, con fotografías que son recuerdos de amistad. A la derecha de la puerta, otro mueble, de original forma y gótico estilo: un casillero, mezcla de archivo y librería, que corona un bonito florero de Sajonia. Por las paredes hormiguean dibujos originales de Sala, Mélida, Pellicer, Lizcano y Apeles Mestres: son los que enriquecen la hermosa edición ilustrada de los *Episodios nacionales*.

Platos artísticos de Caldas da Rainha, y cuadros modernos, firmados por Sala, Fenolleras, Beruete y Lhardy, alegran con notitas de vivo colorido y reflejos de esmalte el fondo de la habitación, que inundan de claridad dos balcones. Detrás del sillón, viste la pared rico pedazo de tela antigua, de armonioso fondo verde con dibujos y realces de oro viejo fileteados con cordoncillo; y más arriba, descansando en un cuadro de felpa roja, domina el conjunto el gran plato de hierro forjado, esmaltado, repujado y nielado con que obsequiaron al novelista sus paisanos, los canarios residentes en Madrid. Quien se asome a los balcones que alumbran la estancia, verá que no caen a la plaza de Colón, sino que registran detalladamente las caballerizas del nuevo palacio que construye la duquesa Angela de Medinaceli.

No hay muchos libros en el despacho, sino los justos, los que bastan a un observador tan prendado de la vida callejera como Galdós: obras clásicas en su mayor parte, bien encuadernadas, con señales de haber sido hojeadas y aun releídas, pero formadas correctamente, y abandonadas casi siempre por una enciclopedia que se llama la sociedad. Delante de los libros, como para relegarlos a segundo término, fotografías, no de amigos, sino de chiquillos de amigos; una colección de rapaces de tres a doce, entre los cuales descuella (por el tamaño, digo) el más apasionado admirador y lector asiduo y constante de Galdós: mi hijo Jaime. Nadie ignora que Galdós es aficionadísimo a la gente menuda; que ha sorprendido la ingenua gestación del pensamiento en los niños, y ha creado una galería de encantadoras figuras, como el pequeño *Miau* y el *Doctor Centeno*, de lo más encantador que su pluma produjo. Los retratos demuestran que el Dickens español quiere *que vengan a él los niños...*

Si en el despacho o estudio propiamente dicho todo delata la batalla con las cuartillas, en el gabinetito contiguo, que confina con el dormitorio y abre sobre él una puerta de escape, todo indica los momentos de descanso y vago ensueño que se imponen como intervalos de la labor, del condenado oficio, según Galdós suele decir entre broma y veras.

Amplio diván convida a la perezosa siesta, o a la lectura, no menos desmayada y regalona, de algún dulce librejo familiar, de esos que gustan siempre, y ya, por conocidos, no nos despabilan lo bastante para evitar que al cuarto de hora se entornen los párpados. El piano, discretamente recatado en una esquina, promete otro género de sedación intelectual, el opio suave de unas cuantas páginas de Beethoven, interpretadas sin pretensiones de brillantez (¡Dios nos libre!). La luz de la ventana la intercepta y filtra un transparente raro, especie de cortina rumorosa, formada por cinturas o taparrabos de moros de Joló; unos como toneletes de flecos de paja ligera. Armas también joloanas adornan las paredes, y a la derecha de la puerta, un estantillo contiene la colección minúscula de Walter Scott, que regalaron a Galdós sus admiradores en la memorable fecha del gran banquete que demostró la popularidad del autor del *Amigo Manso*.

No encierra otras riquezas ni otras preciosidades el estudio de Galdós. Salvo un retazo de tela, no veréis allí el menor detalle que trascienda a prendería. Muchas veces oí de boca del maestro que no le seducen los trastos apolillados y los santos viejos sumidos en un mar de asfalto y tierra de Siena; que prefiere cualquier bocetito moderno. Por cierto que, al escuchar tal herejía, yo suelo abrir los ojos con asombro sincerísimo, pues tengo viciado el gusto en sentido diametralmente opuesto, y lo nuevo me desagrada por ser nuevo nada más. A pesar de su predilección por lo actual, de su poca afición a recorrer esos museítos en miniatura llamados casas de anticuarios, que tanto abundan en Madrid, noto que Galdós vino a darme la razón involuntariamente, pues sus muebles imitan vejeces góticas y sus cortinas bordados del Renacimiento. Para mis aficiones, falta en el estudio de Galdós un poco de *bric à brac*[7], de esas antiguallas encantadoras, aunque no sean de primer orden. El mismo Zola ha pagado tributo a las maderas negruzcas y a las tablas del XV.

Tal cual se encuentra el estudio de nuestro gran novelista, deja adivinar bien las condiciones de su carácter y de su ingenio. Cultura sin pedantería, más bien con empeño de aparecer sencilla, burguesa y llana; amor entrañable a la vida real, con un lugar

7   «Cosas antiguas».

retirado en que se cobijan, sin alardear ni meter bulla, el ensueño y la poesía; la decoración y el mobiliario, no como artículo de lujo, sino como elemento de honesto regalo interior, de pacífica ventura familiar; lectura ligera, nutritiva y sana, paladeada a sus horas, no indigestada nunca; y sobre todo, recio trabajo, copiosa producción, asiduidad regularizada, inspiración sujeta a la voluntad, por decirlo así.

Este interesante rincón va a desaparecer de la corte española. Galdós, en lo sucesivo, trabajará en Santander y vendrá a Madrid a observar, distraerse y reposar de su abrumadora tarea. En Madrid libará, y cargado con su botín volará a las orillas del Cantábrico a transformarlo en miel. Ya le veo sonreírse cuando lea este párrafo… «¡Yo abeja!…». Abeja, sí, y melificadora como la más pintada. Solo que las mieles de la realidad les saben a hieles a los bobos.

ÍNDICE